ΗΡΩΕΣ ΑΠΟ ΤΗ ΜΥΘΟΛΟΓΙΑ

Εικονογράφηση: leafart

Απόδοση: ΜΑΡΗ ΓΙΑΝΝΑΚΟΥΡΟΥ - ΓΑΛΕΡΟΥ
Διόρθωση: ΑΝΤΩΝΙΑ ΚΙΛΕΣΣΟΠΟΥΛΟΥ

ΠΑΠΑΔΟΠΟΥΛΟΣ

Θησέας ο βασιλιάς της Αθήνας

Οι Δώδεκα Άθλοι του Ηρακλή

Ο Ιάσονας και η Αργοναυτική Εκστρατεία

Αχιλλέας ο ατρόμητος ήρωας

ΗΡΩΕΣ ΑΠΟ ΤΗ ΜΥΘΟΛΟΓΙΑ

Εικονογράφηση: Ⓠ leafart

Απόδοση: ΕΛΕΝΗ ΚΑΤΣΑΜΑ
Διόρθωση: ΑΝΤΩΝΙΑ ΚΙΛΕΣΣΟΠΟΥΛΟΥ

© 2005, Εκδόσεις Κυριάκος Παπαδόπουλος Α.Ε., Leafart

ΕΚΔΟΣΕΙΣ ΠΑΠΑΔΟΠΟΥΛΟΣ
Καποδιστρίου 9 ● 144 52 Μεταμόρφωση Αττικής
Τηλ: 210 28 16 134

ΒΙΒΛΙΟΠΩΛΕΙΟ
Μασσαλίας 14 ● 106 80 Αθήνα
Τηλ: 210 36 15 334

www.picturebooks.gr

ISBN 960-412-478-1

ΘΗΣΕΑΣ

Ο ΒΑΣΙΛΙΑΣ ΤΗΣ ΑΘΗΝΑΣ

Ο Θησέας είναι ο πιο τρανός Αθηναίος ήρωας. Ο πατέρας του ο Αιγέας ήταν βασιλιάς της Αθήνας. Όταν επισκέφτηκε την πόλη Τροιζήνα της Αργολίδας, γνώρισε το βασιλιά Πιτθέα και παντρεύτηκε την κόρη του Αίθρα. Λίγο καιρό μετά τη γέννηση του γιου τους Θησέα ο Αιγέας έπρεπε να γυρίσει στην Αθήνα.

Πριν φύγει από την Τροιζήνα, πήρε το σπαθί και τα σανδάλια του, τα 'κρυψε κάτω από ένα βράχο στο βουνό και είπε στην Αίθρα: «Όταν ο γιος μου ο Θησέας γίνει τόσο δυνατός που να μπορεί να σηκώσει αυτό το βράχο και να πάρει το σπαθί και τα σανδάλια, να τον στείλεις να μου τα φέρει στην Αθήνα. Απ' αυτά θα τον γνωρίσω...».

Ο Θησέας μεγάλωνε στο σπίτι του παππού του. Ο Πιτθέας ήταν ξακουστός για τη μεγάλη του σοφία και φρόντισε ο ίδιος για την ανατροφή του εγγονού του. Σαν έκλεισε τα δεκαέξι, κανένας δεν μπορούσε να τον νικήσει στη δύναμη και στην εξυπνάδα. Τότε η Αίθρα τον πήγε στο βράχο και του είπε: «Γιε μου, κάτω απ' αυτόν το βράχο βρίσκονται το σπαθί και τα σανδάλια του πατέρα σου του Αιγέα, που βασιλεύει στην Αθή- να. Αν μπορείς να τον σηκώσεις, πάρ' τα και πήγαινε να του τα δώσεις».

Ο Θησέας τότε σήκωσε χωρίς κόπο το βράχο και πήρε το σπαθί και τα σανδάλια...

Ο Θησέας αποχαιρέτισε τη μητέρα και τον παππού του και ξεκίνησε για την Αθήνα. Δεν άκουσε όμως τις συμβουλές τους, να ταξιδέψει με ασφάλεια από τη θάλασσα, και διάλεξε να πάει με τα πόδια από τη στεριά. Ο δρόμος ήταν δύσκολος κι ο Θησέας αντιμετώπισε πολλούς κινδύνους, έκανε όμως και πολλά κατορθώματα. Κοντά στην Επίδαυρο συνάντησε το γίγαντα Περιφήτη, που σκότωνε τους διαβάτες μ' ένα σιδερένιο ρόπαλο. Ο Θησέας πάλεψε μαζί του και τον νίκησε.

Όταν έφτασε στον Ισθμό, έπεσε πάνω στο Σίνη, έναν κακούργο φοβερό, που αφάνιζε με τρομερά βασανιστήρια τους περαστικούς. Ο Θησέας τον εξόντωσε κι ελευθέρωσε το δρόμο προς την Αττική.

Πριν φτάσει στα Μέγαρα, ο Θησέας αντιμετώπισε έναν καινούριο κίνδυνο. Ο Σκίρωνας, ένας τρομερός ληστής, ζούσε πάνω σ' ένα βράχο στην άκρη του γκρεμού. Από κάτω η θάλασσα μούγκριζε αγριεμένη. Ο Σκίρωνας με μια κλοτσιά γκρέμιζε όποιον περνούσε από εκεί. Όταν όμως προσπάθησε να κάνει το ίδιο στο Θησέα, εκείνος τον άρπαξε από το πόδι και τον πέταξε στη θάλασσα.

Μπαίνοντας στην Αττική, ο Θησέας συγκρούστηκε με τον Προκρούστη, που είχε φτιάξει ένα κρεβάτι και πάνω του βασάνιζε και τελικά σκότωνε όποιον έπεφτε στα χέρια του.

Μετά από αυτό το κατόρθωμα, κι αφού εξαγνί-
στηκε στο βωμό του Δία, ο δρόμος ήταν ανοι-
χτός για να πάει ο Θησέας στην Αθήνα και να
συναντήσει τον πατέρα του...

Όταν ο Θησέας έφτασε στην Αθήνα, πήγε στο παλάτι του Αιγέα. Στην αρχή δε φανέρωσε στο γέρο πατέρα του ποιος ήταν, εκείνος όμως είδε το σπαθί και το ένα σανδάλι που του είχε απομείνει και τον αναγνώρισε αμέσως. Ανάγγειλε θριαμβευτικά σ' όλο το λαό της Αθήνας τον ερχομό του γιου του κι τους εξιστόρησε όλα τα μεγάλα ανδραγαθήματα που είχε κάνει ο Θησέας στο δρόμο από την Τροιζήνα ως την Αθήνα. Και οι Αθηναίοι υποδέχτηκαν με μεγάλη χαρά το μελλοντικό τους βασιλιά...

Ο Θησέας, όμως, δεν έμεινε με σταυρωμένα χέρια στην Αθήνα. Αποφάσισε να γλιτώσει την Αττική από έναν τρομερό ταύρο που τριγύριζε στην περιοχή του Μαραθώνα κι έκανε πολλές ζημιές.

Ξεκίνησε λοιπόν ο Θησέας και δεν άργησε να βρει το λημέρι του θεριού. Μόλις τον είδε ο ταύρος, χίμηξε πάνω του, μα ο Θησέας τον άρπαξε από τα κέρατα. Κατάφερε να τον ρίξει κάτω, τον έδεσε γερά και στη συνέχεια, αφού κατάφερε να τον εξημερώσει, τον πήγε στην Αθήνα...

Την εποχή που έφτασε στην Αθήνα ο Θησέας, ολόκληρη η Αττική ήταν βυθισμένη στο πένθος. Κι αυτό γιατί κάθε εννιά χρόνια οι Αθηναίοι έπρεπε να στέλνουν στον πανίσχυρο Μίνωα, το βασιλιά της Κρήτης, εφτά νέους κι εφτά νέες. Ο Μίνωας τους έριχνε στο λαβύρινθο που υπήρχε στο παλάτι του, για να τους καταβροχθίσει ο Μινώταυρος, ένα φοβερό τέρας με κορμί ανθρώπου και κεφάλι ταύρου.

Αυτή ήταν η τιμωρία των Αθηναίων γιατί είχαν σκοτώσει το γιο του Μίνωα.

Βλέποντας το θρήνο των πολιτών, ο Θησέας αποφάσισε να πάει κι αυτός στην Κρήτη και να σκοτώσει το Μινώταυρο. Ο γερο-Αιγέας δεν ήθελε να τον αφήσει να φύγει, αλλά αυτός επέμενε στην απόφασή του...

Ήρθε η ώρα που το καράβι για την Κρήτη ήταν έτοιμο να φύγει. Οι Αθηναίοι τού είχαν βάλει μαύρα πανιά, ως πένθος για τους νέους που θα θυσιάζονταν στο Μινώταυρο.

Ο Θησέας υποσχέθηκε στον πατέρα του πως, αν γυρίσουν ζωντανοί, θα βάλουν άσπρα πανιά, για να τα δουν από μακριά οι Αθηναίοι και να χαρούν.

Πήγε και στους Δελφούς για να ρωτήσει την Πυθία πώς θα καταφέρει να πραγματοποιήσει αυτόν τον άθλο. Και κείνη του είπε πως θα τον βοηθούσε η Αφροδίτη, η θεά του έρωτα.

Έτσι, ο Θησέας ξεκίνησε για την Κρήτη...

Λίγες μέρες αργότερα το καράβι άραξε στην ακρογιαλιά της Κρήτης και οι νέοι οδηγήθηκαν στο παλάτι του Μίνωα...

Ο τρανός βασιλιάς ξεχώρισε αμέσως το Θησέα για την ομορφιά και την παλικαριά του. Τον πρόσεξε όμως και η κόρη του Μίνωα, η Αριάδνη. Η θεά Αφροδίτη, που προστάτευε το Θησέα, έβαλε στην καρδιά της βασιλοπούλας μεγάλη αγάπη γι' αυτόν. Έτσι λοιπόν, η Αριάδνη αποφάσισε να βοηθήσει τον ήρωα να σκοτώσει το Μινώταυρο και να βγει ζωντανός από το λαβύρινθο.

Κρυφά από τον πατέρα της, του έδωσε ένα κοφτερό σπαθί κι ένα κουβάρι νήμα...

Όταν πήγαν τους νέους στο λαβύρινθο, ο Θησέας έδεσε την άκρη του κουβαριού στην είσοδο και μετά προχώρησε πρώτος στους περίπλοκους διαδρόμους, απ' όπου ήταν αδύνατο να ξαναβγεί κανένας. Προχωρώντας όμως, ξετύλιγε το κουβάρι, για να μπορέσει μετά ακολουθώντας το να βρει το δρόμο του γυρισμού. Όταν έφτασε στο σημείο που ήταν ο Μινώταυρος, το τέρας χίμηξε πάνω του.

Άρχισε σκληρή πάλη και τελικά ο Θησέας κατάφερε να σκοτώσει το Μινώταυρο. Αμέσως μετά, με τη βοήθεια του κουβαριού, βγήκε από το λαβύρινθο.

Τώρα έπρεπε να γλιτώσουν από
την οργή του Μίνωα. Ο Θησέας ετοί-
μασε το καράβι για το γυρισμό, κι αφού
άνοιξε τρύπες στα κρητικά καράβια για να
μην μπορούν να τους ακολουθήσουν, ξεκίνησε
βιαστικά για την Αθήνα. Η Αριάδνη, που τον είχε
αγαπήσει πολύ, έφυγε μαζί του.
Όταν όμως περνούσαν από τη Νάξο, ο Θησέας είδε στον
ύπνο του το θεό Διόνυσο, που του είπε να την αφήσει στην
ακρογιαλιά, γιατί οι θεοί τού την είχαν τάξει για γυναίκα. Ο
Θησέας, με μαύρη καρδιά, υπάκουσε στο θέλημα των θεών κι
άφησε την αγαπημένη του στη Νάξο...
Το καράβι του Θησέα αρμένιζε γοργά στο γαλάζιο πέλαγος
και σύντομα φάνηκαν οι ακτές της Αττικής. Από τη βιασύνη
του όμως να φύγει από την Κρήτη κι από τη θλίψη του για το

χαμό της Αριάδνης, ο Θησέας ξέχασε να κατεβάσει τα μαύρα πανιά του καραβιού και να σηκώσει άσπρα, σημάδι πως γύριζε ζωντανός.

Ο γερο-Αιγέας, που κάθε μέρα στεκόταν σ' έναν ψηλό βράχο κι αγνάντευε το πέλαγος, είδε το καράβι με τα μαύρα πανιά, πίστεψε πως ο γιος του είχε σκοτωθεί και από την απελπισία του έπεσε στη θάλασσα.

Από τότε το πέλαγος που πνίγηκε ο Αιγέας πήρε το όνομά του και λέγεται Αιγαίο πέλαγος...

Μετά το θάνατο του Αιγέα, βασιλιάς των Αθηναίων έγινε ο Θησέας. Ήταν συνετός και άξιος κυβερνήτης. Δεν έμενε όμως όλον τον καιρό στην Αθήνα. Έφευγε συχνά, για να πάρει μέρος σε εκστρατείες μαζί με άλλους ήρωες της Ελλάδας. Όταν σε μια εκστρατεία κυριεύτηκε η πολιτεία των Αμαζόνων, ο Θησέας έφερε στην Αθήνα τη βασίλισσά τους την Αντιόπη, την παντρεύτηκε και ζούσε μαζί της ευτυχισμένα. Οι Αμαζόνες όμως νόμιζαν πως η βασίλισσά τους βρισκόταν σε βαριά σκλαβιά στην Αθήνα.

Ξεκίνησαν λοιπόν με πολύ στρατό, για να την ελευθερώσουν. Οι Αθηναίοι κλείστηκαν στην Ακρόπολη κι ετοιμάστηκαν για τη μάχη... Η Αντιόπη πολεμούσε στο πλευρό του Θησέα, ενάντια

στις Αμαζόνες, παρ' όλο που κάποτε ήταν βασίλισσά τους. Δεν ήθελε ν' αφήσει τον άντρα της, που τόσο τον αγαπούσε. Και κάποια στιγμή το φαρμακερό κοντάρι μιας Αμαζόνας τη χτύπησε κατά λάθος στο στήθος και την έριξε κάτω. Οι δυο στρατιές σταμάτησαν τη μάχη και κοιτούσαν με δέος τη νεκρή βασίλισσα. Οι Αμαζόνες, με μεγάλη θλίψη, έθαψαν μαζί με τους Αθηναίους την Αντιόπη κι έπειτα έφυγαν από την Αττική και γύρισαν στη μακρινή πατρίδα τους...

Πολύ καιρό κράτησε ο θρήνος και το πένθος στην Αθήνα για τη βασίλισσα Αντιόπη, που πέθανε τόσο νέα.
Ο Θησέας πέρασε κι άλλες περιπέτειες, πήρε μέρος στην Αργοναυτική Εκστρατεία, βρέθηκε στον Άδη, όπου έμεινε για πολλά χρόνια τιμωρημένος από τον Πλούτωνα, μέχρι που τον ελευθέρωσε ο Ηρακλής.

Όταν γύρισε στην Αθήνα, βασιλιάς της ήταν ο πολιτικός του αντίπαλος, ο Μενεστέας.
Απογοητευμένος ο Θησέας, πήγε να ζήσει στη Σκύρο, όπου είχε κτήματα. Ο βασιλιάς της Σκύρου όμως, αν και ο Θησέας τον θεωρούσε φίλο του, τον παρέσυρε σ' έναν γκρεμό και τον έριξε στη θάλασσα. Έτσι άδοξα τελείωσε η ζωή ενός από τους πιο μεγάλους Έλληνες ήρωες.

ΟΙ ΔΩΔΕΚΑ ΑΘΛΟΙ ΤΟΥ
ΗΡΑΚΛΗ

Ο Ηρακλής ήταν γιος του Δία και της πανέμορφης βασιλοπούλας Αλκμήνης.

Η Ήρα άρχισε να κατατρέχει τον Ηρακλή από την πρώτη κιό-λας μέρα που γεννήθηκε. Ένα βράδυ έστειλε στην κούνια του δύο φίδια για να τον δηλητηριάσουν. Ο μικρός Ηρακλής όμως, άπλωσε τα χεράκια του και έσφιξε το λαιμό τους με τόση δύνα-μη, που τα έπνιξε στη στιγμή.

Ο Ηρακλής ανατράφηκε όπως ταίριαζε σε ήρωα και κάποτε ήρ-θε η ώρα που έπρεπε να μπει στη δούλεψη του Ευρυσθέα για να εκτελέσει τους δώδεκα άθλους.

Το πρώτο που του ζήτησε ο βασιλιάς ήταν να σκοτώσει το λιο-ντάρι της Νεμέας, που απειλούσε όλη την περιοχή.

Ο Ηρακλής ξεκίνησε με θάρρος γυρεύοντας το θεριό, ώσπου το βρήκε μέσα σε μια σκοτεινή σπηλιά. Μόλις το λιοντάρι βγήκε και είδε τον Ηρακλή, χίμηξε πάνω του. Εκείνος όμως το χτύπησε τόσο δυνατά, που το έριξε ζαλισμένο στο χώμα.

Έπειτα το πλησίασε και το έπνιξε με τα δυνατά του χέρια...

Μετά τον πρώτο άθλο, ο Ευρυσθέας έστειλε τον Ηρακλή να σκοτώσει τη Λερναία Ύδρα, ένα τέρας με φιδίσιο κορμί κι εννιά κεφάλια, που ζούσε σ' ένα βάλτο.

Μόλις τη βρήκε ο Ηρακλής, άρχισε να της ρίχνει σαΐτες που τις είχε πυρώσει στη φωτιά. Κι όταν εκείνη πήγε να του επιτεθεί, ο τρανός ήρωας άρχισε να κόβει ένα ένα τα κεφάλια της. Το τέρας όμως έμενε ζωντανό και στη θέση κάθε κομμένου κεφαλιού ξεφύτρωναν άλλα δύο.

Ο Ηρακλής, τότε, έβαλε φωτιά και με αναμμένα δαυλιά έκαιγε τους λαιμούς της Ύδρας ώστε να μη φυτρώσουν άλλα κεφάλια. Έτσι, το φοβερό τέρας νικήθηκε και σωριάστηκε στο χώμα.

Η επόμενη προσταγή του Ευρυσθέα ήταν να εξολοθρεύσει
ο Ηρακλής τις Στυμφαλίδες Όρνιθες. Αυτές ήταν φοβερά
πουλιά που ορμούσαν στους ανθρώπους και στα ζώα με
τα χάλκινα γαντζωτά τους νύχια. Και σ' όποιον
δοκίμαζε να τις βλάψει έριχναν σαν σαΐτες
τα σκληρά μπρούντζινα φτερά τους.
Ο Ηρακλής δυσκολευόταν να βρει τρόπο να
τις νικήσει. Τον βοήθησε όμως η θεά Αθηνά.
Του έδωσε δύο κρόταλα και τον συμβούλεψε
να πάει κοντά στη φωλιά τους και να αρχίσει
να τα χτυπάει.

Κι όταν οι Όρνιθες πετάξουν τρομαγμένες, να τις σκοτώσει με τις σαΐτες του. Έτσι κι έγινε. Μόλις ο Ηρακλής άρχισε να ρίχνει τις σαΐτες στα φοβερά πουλιά, εκείνα πέταξαν μακριά στον ουρανό μέχρι που 'φυγαν πέρα από τα σύνορα της Ελλάδας και ποτέ πια δεν ξαναγύρισαν...

Μετά ο Ευρυσθέας διέταξε τον Ηρακλή να του φέρει ένα ελά-
φι που ρήμαζε τα χωράφια. Το είχε στείλει η θεά Άρτεμη για
να τιμωρήσει τους ανθρώπους. Ήταν εξαιρετικά ωραίο, με
χρυσά κέρατα και χάλκινα πόδια. Γυρνούσε στα βουνά και στα
λαγκάδια γρήγορο σαν τον άνεμο, χωρίς να κουράζεται ποτέ.
Έναν ολόκληρο χρόνο το κυνηγούσε ο Ηρακλής και τελικά το
αιχμαλώτισε και το έφερε στον Ευρυσθέα...
Χωρίς να ξαποστάσει ο Ηρακλής ξεκίνησε για τον επόμενο
άθλο. Έπρεπε να σκοτώσει τον Ερυμάνθιο Κάπρο, ένα αγριο-
γούρουνο με τεράστια δύναμη. Ο Ηρακλής το κυνήγησε ψηλά
στο βουνό μέχρι που το οδήγησε στις χιονισμένες βουνοκορ-
φές και το αγριογούρουνο βούλιαξε στο χιόνι...
Ο Ευρυσθέας, τότε, τον διάταξε να καθαρίσει την κοπριά από
τους στάβλους του βασιλιά Αυγεία, που 'χε εκατοντάδες ζώα.
Για να γίνει αυτό, χρειάζονταν μήνες δουλειάς.
Ο Ηρακλής όμως άνοιξε δύο μεγάλες τρύπες στο φράχτη που

τριγύριζε τους στάβλους και στη συνέχεια έσκαψε ένα χαντάκι μέχρι το κοντινό ποτάμι. Το νερό του ποταμού χύθηκε ορμητικά στους στάβλους και οι κοπριές καθάρισαν σε μία μόνο μέρα...
Για να εκτελέσει την έβδομη διαταγή του Ευρυσθέα, ο Ηρακλής πήγε στην Κρήτη για να κυνηγήσει ένα λυσσασμένο ταύρο που γυρνούσε σε όλο το νησί και κατάστρεφε τα πάντα. Ο τρανός ήρωας τον βρήκε και τον ημέρωσε.
Ύστερα τον έβαλε στην πλάτη
του, πέρασε τη θάλασσα και
τον πήγε στο Άργος...

Λίγο καιρό μετά, ο Ευρυσθέας ζήτησε από τον Ηρακλή να πάει στη Θράκη και να του φέρει τα άγρια άλογα του βασιλιά Διομήδη, που τα είχε δεμένα στο στάβλο με σιδερένιες αλυσίδες, όταν όμως έρχονταν ξένοι, ο Διομήδης τα άφηνε ελεύθερα και κείνα τους ποδοπατούσαν.

Ο Ηρακλής, χωρίς κόπο, έσπασε τις αλυσίδες, πήρε τα άλογα, τα έβαλε στο καράβι του και τα έφερε στον Ευρυσθέα...

Ο ένατος άθλος του Ηρακλή ήταν το ταξίδι που έκανε στη χώρα των Αμαζόνων. Η κόρη του Ευρυσθέα ήθελε την πολύτιμη ζώνη της βασίλισσάς τους, της Ιππολύτης. Ο Ηρακλής μάζεψε πολλούς συντρόφους και ξεκίνησε με ένα καράβι.

Οι Αμαζόνες, μόλις τους είδαν, πήραν τ' άρματα και όρμησαν να τους πολεμήσουν. Νικήθηκαν όμως κι αναγκάστηκαν να κάνουν ειρήνη με τον Ηρακλή. Η Ιππολύτη, τότε, εξαγόρασε την ελευθερία των αιχμάλωτων Αμαζόνων δίνοντας σε αντάλλαγμα την πολύτιμη ζώνη της...
Λίγο καιρό μετά, ο Ευρυσθέας διέταξε τον Ηρακλή να του φέρει τα βόδια του γίγαντα Γηρυόνη. Ο Γηρυόνης ζούσε τόσο μακριά, που χρειάστηκε να πάει ο Ηρακλής μέχρι τη δυτική άκρη της γης για να τα πάρει και να τα φέρει στο Άργος περνώντας θάλασσες και στεριές...

Μόλις γύρισε ο Ηρακλής, ο Ευρυσθέας τού ζήτησε να πάει στον Κάτω Κόσμο και να του φέρει τον Κέρβερο, το τρικέφαλο σκυλί που φρουρούσε τον Άδη. Πολύ καιρό έψαχνε ο Ηρακλής, μέχρι που βρήκε το τέρας, το εξημέρωσε και το πήγε στον Ευρυσθέα.

Ο πιο δύσκολος άθλος του Ηρακλή ήταν ο τελευταίος. Έπρεπε να πάει στον Άτλαντα, τον Τιτάνα που βάσταγε στους ώμους του τον ουρανό, και να πάρει τρία χρυσά μήλα από τον κήπο του, που τον φύλαγαν οι κόρες του οι Εσπερίδες. Ο Ηρακλής αντιμε-τώπισε πολλούς κινδύνους μέχρι να βρει τον Άτλαντα, γιατί κα-νείς δεν ήξερε το δρόμο για τον κήπο των Εσπερίδων. Ώσπου τον βρήκε και του ζήτησε τα τρία μήλα. «Κράτησε εσύ για λίγο τον ουρανό» του είπε ο γίγαντας «κι εγώ θα σ' τα φέρω».

Ο Ηρακλής έβαλε όλη του τη δύναμη και με τη βοήθεια της Αθηνάς άντεξε το ασήκωτο φορτίο.

Όταν γύρισε ο Άτλαντας, είπε: «Να τα τρία μήλα. Λέω όμως να τα πάω εγώ ο ίδιος στον Ευρυσθέα. Κράτα εσύ τον ουρανό μέ-χρι να γυρίσω να ξαναπάρω τη θέση μου».

Ο Ηρακλής κατάλαβε πως ο πονηρός γίγαντας ήθελε να γλι-
τώσει από το βάρος της δύσκολης δουλειάς του και γι' αυτό
του απάντησε κι αυτός με πονηριά. «Εντάξει, Άτλαντα, δέχομαι,
μόνο κράτα για λίγο εσύ τον ουρανό μέχρι να φτιάξω ένα μαξι-
λάρι και να το βάλω στους ώμους μου».
Μόλις όμως ο Τιτάνας ξαναπήγε στη θέση του, ο Ηρακλής
πήρε τα μήλα κι εξαφανίστηκε.

Έπειτα από το δωδέκατο άθλο, τελείωσε η υπηρεσία του Ηρακλή στον Ευρυσθέα και ο τρανός ήρωας έφυγε από το Άργος. Περιπλανήθηκε για πολύ καιρό κάνοντας καινούρια κατορθώματα σε όλη την Ελλάδα.

Ο Ηρακλής παντρεύτηκε τη Δηιάνειρα, την κόρη του βασιλιά Οινέα, αλλά γρήγορα έφυγε από κοντά της, για να πάρει μέρος στην Αργοναυτική Εκστρατεία και σε άλλους πολέμους...

Ώσπου μια μέρα ήρθε στο παλάτι ένας μαντατοφόρος και της είπε πως ο Ηρακλής ήταν ζωντανός, αλλά είχε αγαπήσει άλλη γυναίκα, την Ιόλη.

Η Δηιάνειρα τότε, απελπισμένη, του έστειλε ένα μαγικό χιτώνα που νόμιζε πως θα τον έκανε να γυρίσει κοντά της. Ο χιτώνας όμως ήταν φαρμακωμένος και, μόλις τον φόρεσε ο Ηρακλής, ένιωσε το δηλητήριο να καίει το σώμα του. Όσο και αν προσπάθησε δεν μπόρεσε να τον βγάλει και σε λίγο έπεσε στο χώμα κραυγάζοντας από τους φοβερούς πόνους...

Και τότε άρχισαν να αντηχούν βροντές και να φεγγοβολούν στον αέρα οι αστραπές του Δία.

Σ' ένα χρυσό άρμα ήρθε η θεά Αθηνά μαζί με τον Ερμή και πήρανε τον Ηρακλή, τον πιο τρανό απ' όλους τους ήρωες, στο φωτεινό Όλυμπο.

Όλοι οι θεοί βγήκαν να τον προϋπαντήσουν. Ακόμα και η Ήρα ξέχασε το μίσος της και του έδωσε για γυναίκα την κόρη της, την παντοτινά νέα θεά Ήβη. Έτσι, έγινε ο Ηρακλής θεός αθάνατος κι από τότε ζει στον Όλυμπο μαζί με τους τρανούς θεούς.

Ο ΙΑΣΟΝΑΣ

ΚΑΙ Η ΑΡΓΟΝΑΥΤΙΚΗ ΕΚΣΤΡΑΤΕΙΑ

Στην πόλη Ιωλκό της Θεσσαλίας βασίλευε ο Κρηθέας. Μετά το θάνατό του έπρεπε να πάρει το θρόνο ο μεγαλύτερος γιος του, ο Αίσονας αλλά ο μικρότερος γιος, ο Πελίας, τον έδιωξε από το παλάτι και πήρε αυτός την εξουσία. Λίγο αργότερα, ο Αίσονας

απόκτησε ένα γιο, τον Ιάσονα. Επειδή όμως φοβόταν μήπως ο Πελίας σκότωνε το αγόρι, αποφάσισε να τον κρύψει. Τον πήγε λοιπόν στον Κένταυρο Χείρωνα που ζούσε στο Πήλιο. Εκείνος του 'μαθε όλα όσα ήξερε. Κανένας δεν τον ξεπερνούσε στην αξιοσύνη, στη δύναμη και στην παλικαριά.

Ο Ιάσονας έμεινε κοντά στο Χείρωνα μέχρι τα είκοσί του χρόνια. Τότε αποφάσισε να γυρίσει στην Ιωλκό και να πάρει πίσω το θρόνο. Ο Πελίας σάστισε όταν τον είδε, έτσι που έλαμπε από δύναμη και ομορφιά.

«Ποιος είσαι, νεαρέ;» τον ρώτησε «και τι γυρεύεις;»

«Είμαι ο Ιάσονας, ο γιος του Αίσονα» απάντησε εκείνος.

«Γύρισα στην πατρική μου γη για να πάρω πίσω το θρόνο μου».

Ο Πελίας φοβήθηκε να αρνηθεί.

«Καλά, δέχομαι» του είπε.

«Μ' έναν όρο όμως: για να προστατεύουν οι θεοί την πόλη θα πρέπει να πας στη μακρινή Κολχίδα και να φέρεις το Χρυσόμαλλο Δέρας».

Ο Ιάσονας δέχτηκε την πρόταση του Πελία...

Το Χρυσόμαλλο Δέρας ήταν η προβιά από το χρυσό κριάρι που είχε μεταφέρει δυο αδέρφια, το Φρίξο και την Έλλη, μακριά από τη Βοιωτία, για να γλιτώσουν από τη ζήλια της μητριάς τους.

Κρεμόταν σε μια βελανιδιά στο ιερό άλσος του Άρη, του θεού του πολέμου, και το φυλούσε ένας φοβερός δράκος.

Ο Ιάσονας άρχισε να ετοιμάζει εκστρατεία στην Κολχίδα. Γύρισε τις πόλεις της Ελλάδας καλώντας όλους τους δοξασμένους ήρωες να πάνε μαζί του. Όλοι δέχτηκαν να τον συντροφέψουν.

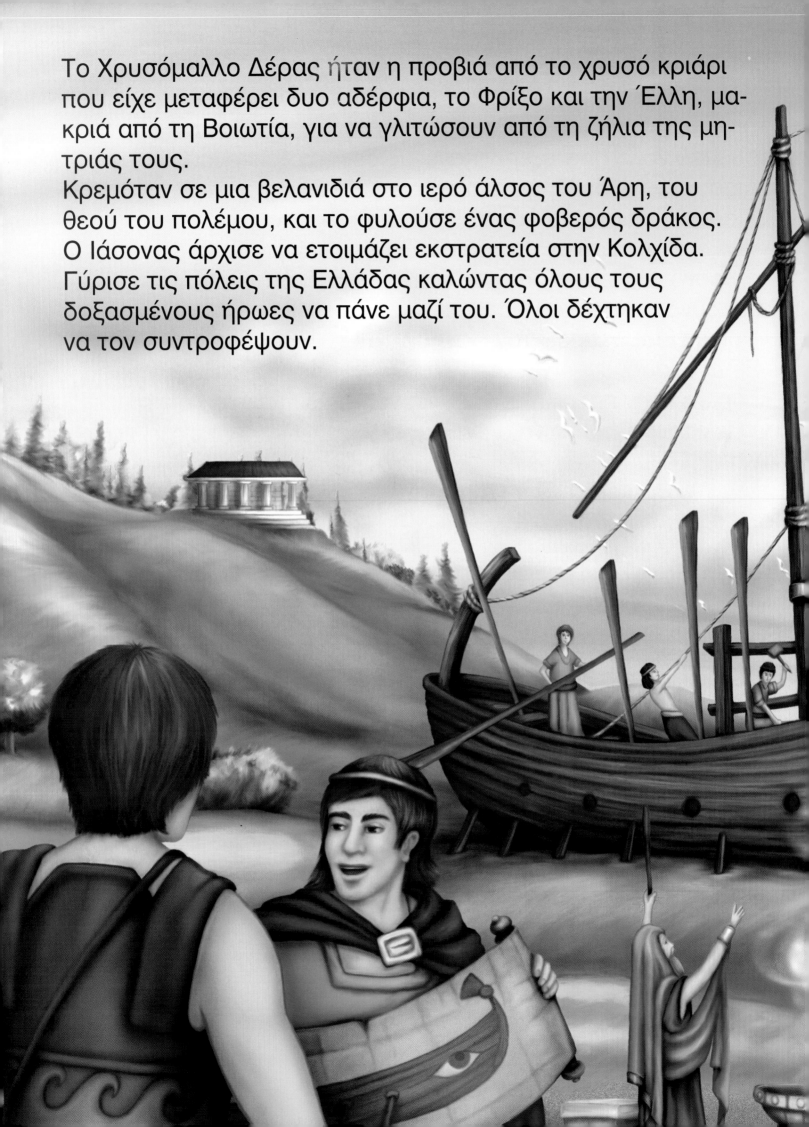

Ο Ηρακλής, ο Θησέας, ο Κάστορας κι ο Πολυδεύκης, ακόμα κι ο Ορφέας ο τραγουδιστής. Ποτέ άλλοτε δεν είδε η Ελλάδα τόσους ήρωες συγκεντρωμένους...

Σύντομα ετοιμάστηκε και το καράβι. Το κατασκεύασε ο Άργος, με τη βοήθεια της ίδιας της Αθηνάς, και το ονόμασαν «Αργώ». Εκτός από την Αθηνά, τους προστάτευε και η Ήρα κι ο Απόλλωνας, ο θεός του φωτός.

Όταν μαζεύτηκαν όλοι στην Ιωλκό, ρίξανε την «Αργώ» στη θάλασσα, φόρτωσαν τρόφιμα και πόσιμο νερό κι έκαναν θυσίες στους θεούς. Τα σημάδια ήταν καλά, κι έτσι ξεκίνησαν για το μακρινό τους ταξίδι...

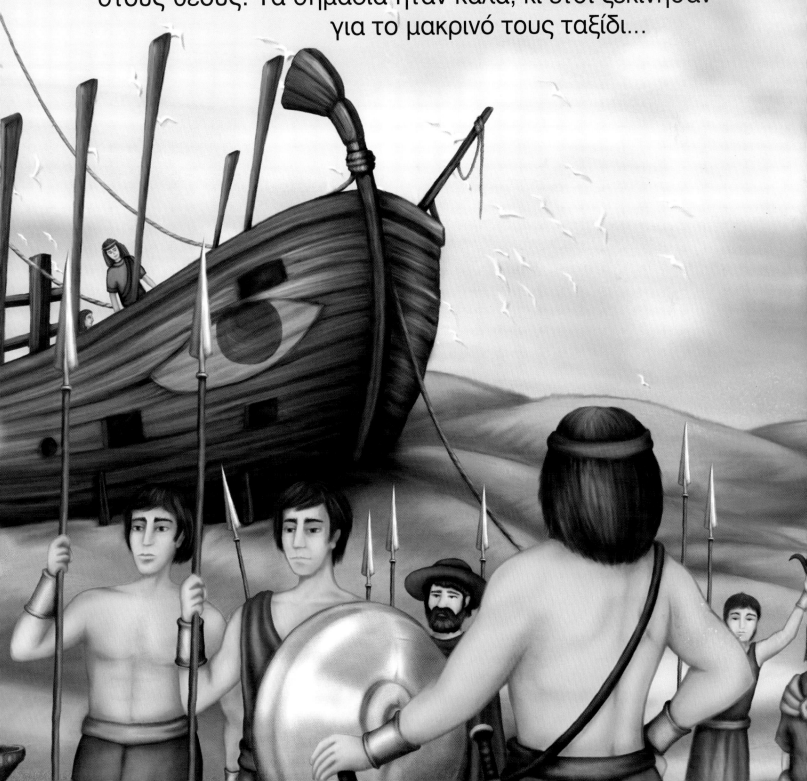

Έπειτα από ολιγοήμερο ταξίδι, οι Αργοναύτες άραξαν στη χερσόνησο Κύζικο, όπου κατοικούσαν οι Δολίονοι. Κοντά στη χώρα τους όμως ζούσανε κάτι γίγαντες μ' έξι χέρια ο καθένας. Μόνο χάρη στην προστασία του Ποσειδώνα ζούσαν ήσυχοι οι Δολίονοι.

Ο βασιλιάς Κύζικος δέχτηκε με τιμές τους Αργοναύτες και τους φιλοξένησε στο παλάτι του. Όταν όμως το άλλο πρωί μπήκαν στο καράβι για να φύγουν, οι εξάχειροι γίγαντες άρχισαν να πετούν τεράστιες κοτρόνες στη θάλασσα, για να βουλιάξουν την «Αργώ». Τότε ο Ηρακλής πήρε το τόξο του κι άρχισε να τους ρίχνει φαρμακερές σαΐτες. Βάζοντας μπροστά τις ασπίδες τους, χίμηξαν και οι άλλοι Αργοναύτες με τα σπαθιά τους. Η μάχη δεν κράτησε πολύ. Σε λίγο ούτε ένας γίγαντας δεν είχε μείνει ζωντανός...

Οι Αργοναύτες συνέχισαν το ταξίδι τους ώσπου φτάσανε στις ακτές της Μυσίας. Βγήκαν σε μια ακρογιαλιά για να πάρουν τρόφιμα και νερό και να περάσουν τη νύχτα.

Λίγο πριν ξημερώσει, ο Ηρακλής πήγε στο γειτονικό δάσος να βρει κάποιο γερό ξύλο για να φτιάξει ένα καινούριο κουπί. Στο μεταξύ όμως οι Αργοναύτες ξεκίνησαν χωρίς να προσέξουν πως έλειπε ο τρανός ήρωας. Όταν το κατάλαβαν, στενοχωρήθηκαν πολύ κι ετοιμάστηκαν να γυρίσουν πίσω το καράβι.

Τότε όμως, μέσα από τα κύματα πρόβαλε ο μάντης Γλαύκος και τους είπε: «Ο Ηρακλής έμεινε στη Μυσία, γιατί έτσι το θέλησε ο τρανός Δίας. Πρέπει να γυρίσει στην Ελλάδα και να κάνει δώδεκα μεγάλους άθλους!».

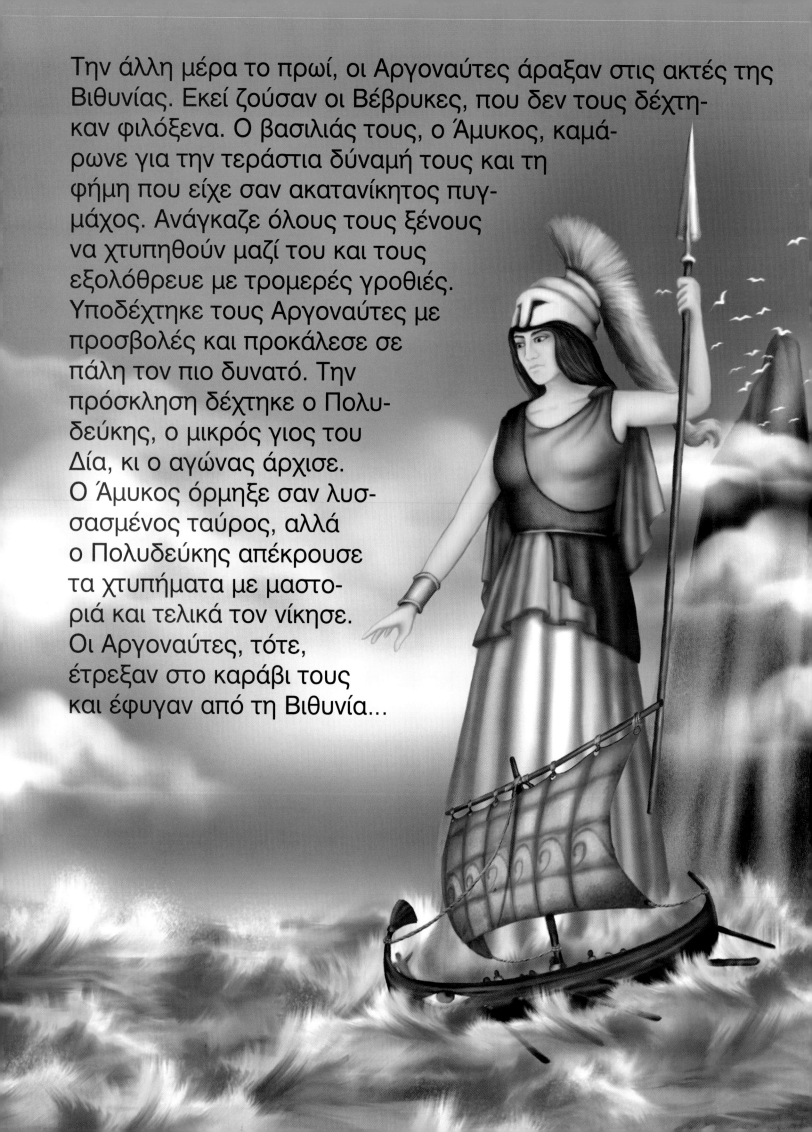

Την άλλη μέρα το πρωί, οι Αργοναύτες άραξαν στις ακτές της Βιθυνίας. Εκεί ζούσαν οι Βέβρυκες, που δεν τους δέχτηκαν φιλόξενα. Ο βασιλιάς τους, ο Άμυκος, καμάρωνε για την τεράστια δύναμή τους και τη φήμη που είχε σαν ακατανίκητος πυγμάχος. Ανάγκαζε όλους τους ξένους να χτυπηθούν μαζί του και τους εξολόθρευε με τρομερές γροθιές. Υποδέχτηκε τους Αργοναύτες με προσβολές και προκάλεσε σε πάλη τον πιο δυνατό. Την πρόσκληση δέχτηκε ο Πολυδεύκης, ο μικρός γιος του Δία, κι ο αγώνας άρχισε. Ο Άμυκος όρμηξε σαν λυσσασμένος ταύρος, αλλά ο Πολυδεύκης απέκρουσε τα χτυπήματα με μαστοριά και τελικά τον νίκησε. Οι Αργοναύτες, τότε, έτρεξαν στο καράβι τους και έφυγαν από τη Βιθυνία...

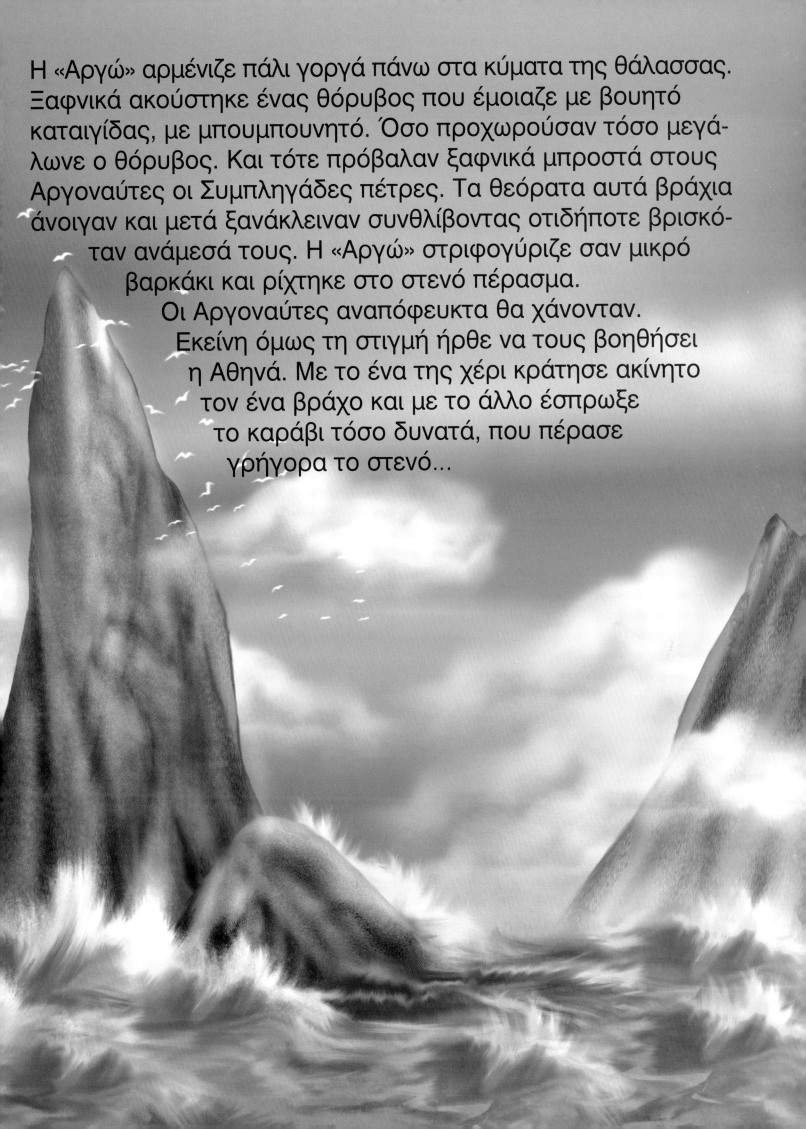

Η «Αργώ» αρμένιζε πάλι γοργά πάνω στα κύματα της θάλασσας. Ξαφνικά ακούστηκε ένας θόρυβος που έμοιαζε με βουητό καταιγίδας, με μπουμπουνητό. Όσο προχωρούσαν τόσο μεγά- λωνε ο θόρυβος. Και τότε πρόβαλαν ξαφνικά μπροστά στους Αργοναύτες οι Συμπληγάδες πέτρες. Τα θεόρατα αυτά βράχια άνοιγαν και μετά ξανάκλειναν συνθλίβοντας οτιδήποτε βρισκό- ταν ανάμεσά τους. Η «Αργώ» στριφογύριζε σαν μικρό βαρκάκι και ρίχτηκε στο στενό πέρασμα.

Οι Αργοναύτες αναπόφευκτα θα χάνονταν. Εκείνη όμως τη στιγμή ήρθε να τους βοηθήσει η Αθηνά. Με το ένα της χέρι κράτησε ακίνητο τον ένα βράχο και με το άλλο έσπρωξε το καράβι τόσο δυνατά, που πέρασε γρήγορα το στενό...

Πολύ καιρό αρμένιζαν στις θάλασσες οι Αργοναύτες. Πέρασαν από πολλές χώρες και γνώρισαν πολλούς λαούς. Ώσπου μια μέρα, κατά τα χαράματα, έφτασαν στην Κολχίδα, όπου βασίλευε ο βασιλιάς Αιήτης.

Ο Ιάσονας πήγε στο παλάτι, για να τον συναντήσει. Μόλις ο Αιήτης άκουσε ότι ο Ιάσονας ήθελε να πάρει το Χρυσόμαλλο Δέρας, άστραψε από θυμό. Έπειτα όμως σκέφτηκε πονηρά και, για να στείλει τον ήρωα στο χαμό, του είπε:

«Ας είναι, θα σου δώσω το Χρυσόμαλλο Δέρας, αλλά πρέπει πρώτα να ζέψεις σ' ένα αλέτρι τους ταύρους μου, που έχουνε χάλκινα πόδια και βγάζουν φωτιά από το στόμα. Ύστερα να τους βάλεις να οργώσουν το ιερό χωράφι του Άρη και να το σπείρεις με δόντια δράκου. Κι όταν από τα δόντια βγουν πολεμιστές, να παλέψεις μαζί τους και να τους σκοτώσεις...

Τότε, στον ψηλό Όλυμπο, η τρανή θεά Ήρα και η θεά Αθηνά κάτσανε να συζητήσουν πώς να βοηθήσουνε τον Ιάσονα να πάρει το Χρυσόμαλλο Δέρας. Αποφάσισαν να πάνε στη θεά Αφροδίτη και να της ζητήσουν να βάλει στην καρδιά της κόρης του Αιήτη, της Μήδειας, φλογερή αγάπη για τον Ιάσονα. Ήξεραν οι θεές ότι η Μήδεια ήταν μάγισσα κι ότι μονάχα εκείνη θα μπορούσε να βοηθήσει τον ήρωα στον τόσο επικίνδυνο άθλο του. Η Αφροδίτη δέχτηκε κι έστειλε το γιο της, τον φτερωτό Έρωτα, να ρίξει τα βέλη του στην όμορφη βασιλοπούλα...

Ο Ιάσονας δέχτηκε τους όρους του Αιήτη κι έφυγε από το πα-
λάτι. Εκείνη τη στιγμή έμπαινε στην αυλή του παλατιού η Μή-
δεια και, μόλις αντίκρισε τον ήρωα, ένιωσε μεγάλη αγάπη γι'
αυτόν. Όταν έμαθε τα όσα ζήτησε ο πατέρας της από τον Ιά-
σονα, βρέθηκε σε μεγάλο δίλημμα. Από τη μια δείλιαζε ν' αντι-
σταθεί στη θέληση του γονιού της κι από την άλλη φοβόταν
για τη ζωή του άντρα που τόσο είχε αγαπήσει. Στο τέλος νίκη-
σε η αγάπη της για τον ήρωα κι αποφάσισε να τον βοηθήσει.
Πήγε στο δωμάτιό της κι έφτιαξε μια μαγική αλοιφή.
Όποιος αλειφόταν μ' αυτή αποκτούσε για μια μέρα ακατανίκητη
δύναμη...

Όταν νύχτωσε, η Μήδεια έστειλε κρυφά μήνυμα στον Ιάσονα να έρθει να τη συναντήσει. Στη θωριά του, η καρδιά της άρχισε να χτυπάει δυνατά. Με τρεμάμενο χέρι τού έδωσε την αλοιφή. «Αυτό το μαγικό» του είπε «θα σε προφυλάξει από τους ταύρους. Κι όταν φυτρώσουν οι πολεμιστές, να ρίξεις μια πέτρα ανάμεσά τους κι αυτοί θα σκοτωθούν μεταξύ τους. Έτσι, θα πάρεις το Χρυσόμαλλο Δέρας και θα γυρίσεις στην πατρίδα σου».
Τότε ο Ιάσονας την κάλεσε να φύγει κρυφά από το πατρικό της σπίτι και να τον ακολουθήσει στην Ιωλκό...

Μόλις ξημέρωσε, ο Ιάσονας ετοιμάστηκε και ξεκίνησε για το ιερό χωράφι του Άρη. Εκεί βρήκε ένα σιδερένιο αλέτρι. Ξαφνικά μέσα από μια σπηλιά πετάχτηκαν οι δύο άγριοι ταύροι. Ο Ιάσονας τους απέκρουσε με την ασπίδα του και μετά από σκληρή πάλη τούς άρπαξε από τα κέρατα και τους έζεψε στο αλέτρι. Ύστερα όργωσε το χωράφι κι έσπειρε τα δόντια του δράκου. Αμέσως άγριοι πολεμιστές άρχισαν να φυτρώνουν από τη γη. Ο Ιάσονας έριξε μια πέτρα ανάμεσά τους, όπως του είχε πει η Μήδεια, κι αμέσως άρχισαν να πολεμάνε μεταξύ τους ώσπου δεν έμεινε κανείς ζωντανός...

Ο Ιάσονας τότε ζήτησε από τον Αιήτη να του δώσει το Χρυσό-
μαλλο Δέρας. Αυτός όμως δεν κράτησε την υπόσχεσή του και
προσπαθούσε να βρει έναν τρόπο να εξολοθρεύσει τους
Αργοναύτες. Η Μήδεια τότε, που ένιωθε τον κίνδυνο, πήγε μια
νύχτα κρυφά, βρήκε τον Ιάσονα και τον οδήγησε στο ιερό δά-
σος του Άρη. Όλα τριγύρω ήταν σκοτεινά και μονάχα το Χρυ-
σόμαλλο Δέρας λαμποκοπούσε κρεμασμένο από μια βελανιδιά.
Ξαφνικά ένας φοβερός δράκος σηκώθηκε σκορπίζοντας φλό-
γες τριγύρω. Η Μήδεια τον ράντισε με ένα μαγικό φίλτρο και
εκείνος αποκοιμήθηκε αμέσως. Ο Ιάσονας πήρε το Χρυσόμαλ-
λο Δέρας κι έφυγε βιαστικά για την «Αργώ» μαζί με τη Μήδεια.
Οι ήρωες έπιασαν αμέσως τα κουπιά και σε λίγο ξανοίχτηκαν
στο πέλαγος αφήνοντας πίσω τις ακτές της Κολχίδας...

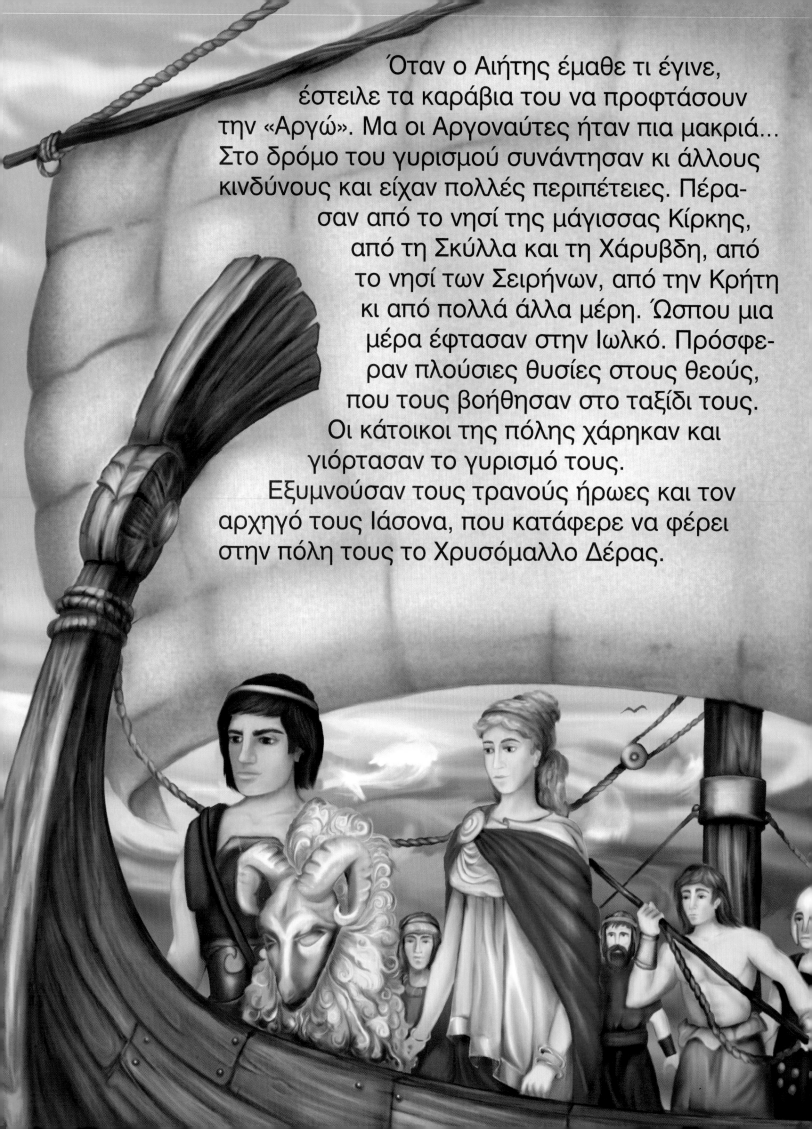

Όταν ο Αιήτης έμαθε τι έγινε, έστειλε τα καράβια του να προφτάσουν την «Αργώ». Μα οι Αργοναύτες ήταν πια μακριά... Στο δρόμο του γυρισμού συνάντησαν κι άλλους κινδύνους και είχαν πολλές περιπέτειες. Πέρασαν από το νησί της μάγισσας Κίρκης, από τη Σκύλλα και τη Χάρυβδη, από το νησί των Σειρήνων, από την Κρήτη κι από πολλά άλλα μέρη. Ώσπου μια μέρα έφτασαν στην Ιωλκό. Πρόσφεραν πλούσιες θυσίες στους θεούς, που τους βοήθησαν στο ταξίδι τους. Οι κάτοικοι της πόλης χάρηκαν και γιόρτασαν το γυρισμό τους.

Εξυμνούσαν τους τρανούς ήρωες και τον αρχηγό τους Ιάσονα, που κατάφερε να φέρει στην πόλη τους το Χρυσόμαλλο Δέρας.

ΑΧΙΛΛΕΑΣ

Ο ΑΤΡΟΜΗΤΟΣ ΗΡΩΑΣ

Ο Αχιλλέας ήταν γιος του Πηλέα και της θεάς Θέτιδας.
Ο μάντης Κάλχας είχε προμαντέψει πως θα έχανε τη ζωή
του, χτυπημένος από ένα βέλος.
Η Θέτις, από μωρό ακόμα, τον είχε βουτήξει στα
μαγικά νερά της Στύγας κρατώντας τον από τη φτέρνα, κι έτσι
όλο του το κορμί εκτός από τη φτέρνα είχε γίνει
σκληρό σαν σίδερο και τίποτα δεν μπορού-
σε να τον λαβώσει... Επίσης κάθε βράδυ
τον κράταγε κοντά στη φωτιά για να
γίνει άτρωτος και άλειφε το κορμί
του με αμβροσία.

Μια νύχτα όμως, ξύπνησε ο Πηλέας, κι όταν είδε το γιο του κοντά στις φλόγες, κατατρόμαξε. Έσυρε το σπαθί και χίμηξε πάνω στη γυναίκα του. Εκείνη έτρεξε αλαφιασμένη και κρύφτηκε βαθιά στο πέλαγος, στο παλάτι του πατέρα της, του Νηρέα. Ο Πηλέας εμπιστεύτηκε τον Αχιλλέα στο φίλο του τον Κένταυρο Χείρωνα, για να τον μεγαλώσει.

Ο Κένταυρος Χείρωνας έτρεφε τον Αχιλλέα με κρέας από λιοντάρι, κι έτσι ο νεαρός ήρωας απόχτησε μεγάλη δύναμη. Δεν ήταν ακόμη ούτε έξι χρονών και σκότωνε λιοντάρια και τρομερά αγριογούρουνα.

Ήταν τόσο γοργός κι ανάλαφρος στο τρέξιμο, που έπιανε τα ελάφια χωρίς να τον βοηθάνε τα σκυλιά. Ο Χείρωνας του μά- θαινε, ακόμα, να παίζει λύρα και να τραγουδάει.

Η Θέτιδα δεν ξέχναγε το γιο της κι έβγαινε συχνά από τα βάθη της θάλασσας για να τον δει...

Όταν ο Αχιλλέας μεγάλωσε κι έγινε όμορφο παλικάρι, διαδόθη- κε σ' όλη την Ελλάδα η είδηση πως ο Μενέλαος συγκεντρώνει ήρωες για να πολεμήσουν στην Τροία. Ο Κάλχας προμάντεψε πως οι Έλληνες θα νικήσουν μόνο αν πάει μαζί τους ο νεαρός ήρωας. Η μοίρα του ήταν ν' αποκτήσει αθάνατη δόξα.

Η Θέτιδα, επειδή ήξερε τι τύχη περίμενε το γιο της, προσπά- θησε να τον προστατέψει.

Τον έκρυψε λοιπόν στο νησί της Σκύρου, στο παλάτι του βασι-
λιά Λυκομήδη. Εκεί, ο Αχιλλέας ζούσε φορώντας κοριτσίστικα
ρούχα, ανάμεσα στις θυγατέρες του βασιλιά. Κανείς δεν ήξε-
ρε πού βρισκόταν, ο μάντης Κάλχας, όμως, φανέρωσε στο
Μενέλαο το μέρος που κρυβόταν. Αμέσως ο Οδυσσέας με
στρατιωτική συνοδεία ξεκίνησε να πάει να τον βρει, για να τον
πείσει να πάρει μέρος στην εκστρατεία κατά της Τροίας...
Ο πανέξυπνος Οδυσσέας σκαρφίστηκε ένα κόλπο για να κάνει
τον Αχιλλέα να φανερωθεί. Πήγε στο παλάτι του Λυκομήδη
ντυμένος σαν έμπορος και άπλωσε μπροστά στις βασιλοπού-
λες την πραμάτεια του: πολύτιμα υφάσματα, χρυσές κορδέ-
λες, πέπλα και σκουλαρίκια. Ανάμεσα όμως σ' όλα αυτά έβαλε
κι ένα σπαθί, ένα κράνος, μια ασπίδα κι ένα θώρακα.
Οι βασιλοπούλες διάλεγαν όλο χαρά ρούχα και στολίδια,
ο Αχιλλέας όμως, που στεκόταν ανάμεσά τους,
κοιτούσε μονάχα τ' άρματα...

Ξαφνικά, ακούστηκαν έξω από το παλάτι ιαχές. Σάλπιγγες αντηχούσαν και θόρυβος από άρματα ακουγόταν.
Ήταν οι συνοδοί του Οδυσσέα, που χτυπούσαν τα κοντάρια στις ασπίδες τους κι έβγαζαν πολεμικές κραυγές, όπως τους είχε πει να κάνουν ο Οδυσσέας. Οι βασιλοπούλες έτρεξαν αμέσως τρομαγμένες να κρυφτούν.

Ο Αχιλλέας όμως, που νόμισε πως γινόταν επίθεση στο παλάτι, άρπαξε αμέσως ένα σπαθί και μία ασπίδα κι όρμηξε να πολεμήσει τους εχθρούς...

Έτσι ο Οδυσσέας αναγνώρισε το νεαρό ήρωα. Του ζήτησε να τον ακολουθήσει και να πάρει μέρος στην εκστρατεία κατά της Τροίας. Ο Αχιλλέας δέχτηκε με χαρά και πήγε να συναντήσει τους υπόλοιπους ήρωες. Μαζί του έφυγε κι ο πιστός του φίλος ο Πάτροκλος. Ο Πηλέας έδωσε στο γιο του την πανοπλία που του 'χαν κάνει δώρο οι θεοί στο γάμο του με τη Θέτιδα, το κοντάρι που του 'χε χαρίσει ο Κένταυρος Χείρωνας και τ' άλογα που του 'δωσε ο θεός Ποσειδώνας...

Εννιά ολόκληρα χρόνια πολιορ-
κούσαν οι Έλληνες την Τροία.
Ο Αχιλλέας ξεχώρισε σ' όλες τις
μάχες για την παλικαριά του.
Κι ήρθε ο δέκατος χρόνος, που σ' αυτόν θ' αποφασιζόταν η
τύχη του πολέμου. Τότε όμως ξέσπασε μεγάλη διαμάχη ανά-
μεσα στον τρανό Αχιλλέα και στον αρχηγό του στρατού, τον
Αγαμέμνονα. Ο Αγαμέμνονας υποχρέωσε τον Αχιλλέα να του
δώσει τη σκλάβα του τη Βρισηίδα. Αντάλλαξαν λόγια βαριά κι
ο νεαρός ήρωας γύρισε εξοργισμένος στη σκηνή του μαζί με

το φίλο του Πάτροκλο και τους γενναίους στρατιώτες του, τους Μυρμιδόνες...

Ο θυμός του Αχιλλέα δεν περνούσε. Και το άλλο πρωί πήγε σ' ένα έρημο ακρογιάλι, άπλωσε τα χέρια του στη θάλασσα και βροντοφώναξε στη μάνα του τη Θέτιδα:

«Αχ, μάνα, δε φτάνει που 'χω λίγη ζωή μπροστά μου, πρέπει να δέχομαι και τις προσβολές του Αγαμέμνονα;».

Άκουσε η Θέτιδα το παράπονο του γιου της και βγήκε αμέσως από τα βάθη του πελάγους. Πρόβαλε μέσα από τα αφρισμένα κύματα και κάθισε στο ακρογιάλι πλάι στον αγαπημένο της γιο, για να τον σφίξει στην αγκαλιά της και να τον παρηγορήσει...

Από κείνη τη μέρα, ο Αχιλλέας δεν ξαναπήρε μέρος στις μάχες. Καθόταν θυμωμένος όλη μέρα στη σκηνή του, παρ' όλο που λαχταρούσε να πολεμήσει και να δοξαστεί.

Πέρασε λίγος καιρός και όλα άρχισαν να δείχνουν πως οι Έλληνες θα έχαναν τον πόλεμο. Ο Αγαμέμνονας αναγκάστηκε να καλέσει σε συμβούλιο τους στρατηγούς.

Εκείνοι τον συμβούλεψαν να μονιάσει με τον Αχιλλέα, γιατί χωρίς αυτόν δε θα κέρδιζαν τον πόλεμο.

Ο Αγαμέμνονας, τότε, έστειλε εφτά στρατηγούς να πάνε στον Αχιλλέα και να τον πείσουν να γυρίσει στη μάχη. Εκείνος όμως δε δέχτηκε...

Την άλλη μέρα, άγρια μάχη άναψε κοντά στα καράβια των Ελλήνων.

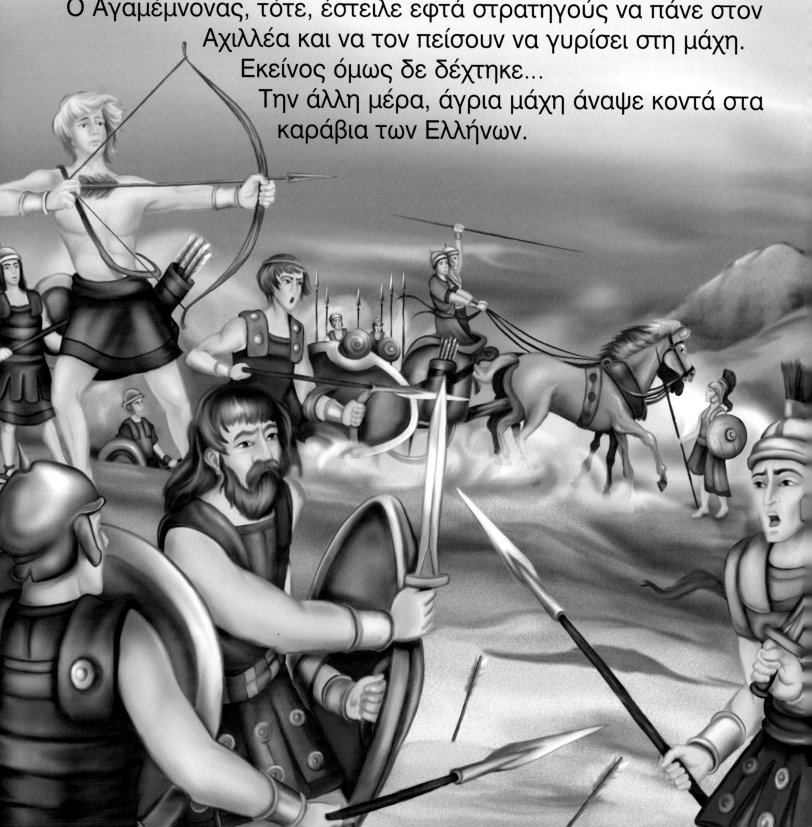

Εκείνοι απέκρουαν παλικαρίσια τους Τρώες, αλλά δεν μπόρε-
σαν ν' αντισταθούν για πολύ. Ο αρχηγός τους ο Έκτορας,
έφτασε στα καράβια και τους έβαλε φωτιά.
Τότε ο Πάτροκλος έτρεξε στον Αχιλλέα και του είπε: «Γιε του
Πηλέα, συμφορά μεγάλη έπεσε στο στρατό. Αφού δε θες να
βοηθήσεις, δωσ' μου εμένα τους στρατιώτες και τ' άρματά
σου, για να πάω στη μάχη. Οι Τρώες θα με περάσουν για σένα
και θα οπισθοχωρήσουν».
Κι ο Αχιλλέας, που δεν ήθελε το χαμό
των Ελλήνων, δέχτηκε να δώσει
στον Πάτροκλο τ' άρματά του...

Είδαν οι Τρώες τον Πάτροκλο, νόμισαν πως ήταν ο Αχιλλέας κι άρχισαν να τρέχουν αλαφιασμένοι. Ο Πάτροκλος τους κυνηγούσε και αφάνισε πολλούς. Τότε ο Έκτορας αποφάσισε να τον πολεμήσει. Μόλις τον είδε ο Πάτροκλος, πήδηξε από το άρμα του και πήρε το κοντάρι για να χτυπηθεί μαζί του. Άγρια μάχη ξέσπασε. Τελικά ο Πάτροκλος σωριάστηκε στο έδαφος, αλλά, πριν ξεψυχήσει, είπε στον Έκτορα: «Μην καμαρώνεις για το θάνατό μου. Θα πεθάνεις κι εσύ γρήγορα, χτυπημένος από το κοντάρι του Αχιλλέα».

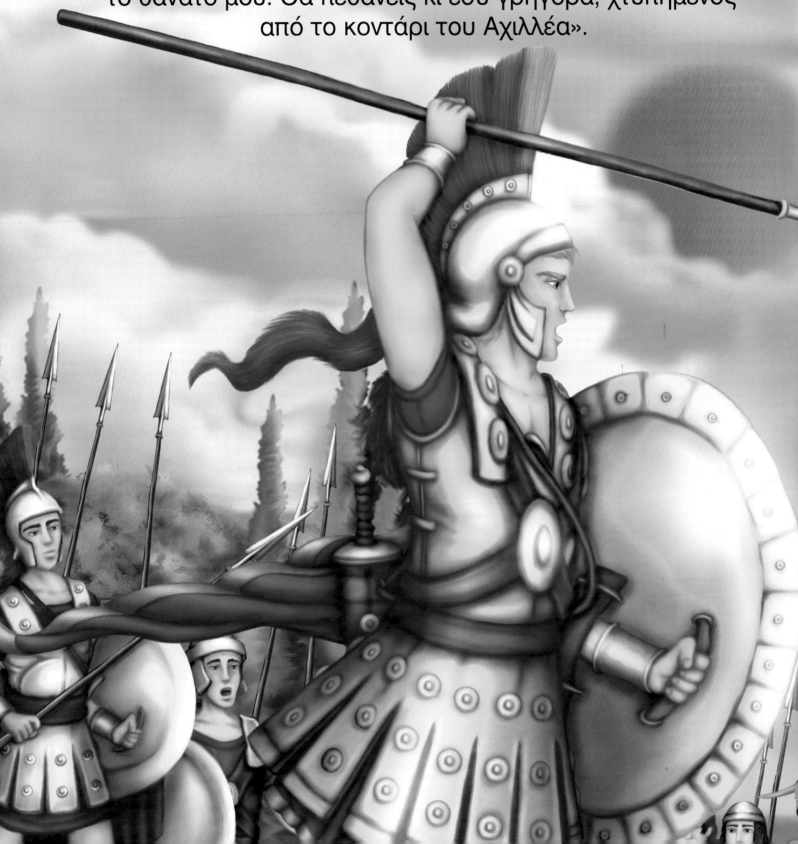

Βαριά απελπισία έπιασε τον Αχιλλέα όταν έμαθε το θάνατο του αγαπημένου του φίλου. Υποσχέθηκε πως θα πάρει αμέσως εκδίκηση. Άφησε λοιπόν στην άκρη την έχθρα του με τον Αγαμέμνονα και ρίχτηκε στη μάχη ψάχνοντας να βρει τον Έκτορα.

Μόλις τον είδε του έριξε με δύναμη το κοντάρι κι αυτός σωριάστηκε στο χώμα βαριά χτυπημένος. Ο Αχιλλέας για να εκδικηθεί το θάνατο του Πάτροκλου συνέχισε να εξολοθρεύει χωρίς σταματημό τους Τρώες.

Ώσπου προκάλεσε την οργή του Απόλλωνα κι αυτός σε μια μάχη έστρεψε τη σαΐτα του Πάρη πάνω στον Αχιλλέα. Τον πέτυχε στη φτέρνα, το μόνο τρωτό σημείο του τρανού ήρωα. Σωριάστηκε ο Αχιλλέας στο χώμα και ξεψύχησε.

Οι Έλληνες μαζεύτηκαν και θρηνούσαν. Βγήκε και η Θέτιδα από τα βάθη της θάλασσας και μοιρολογούσε. Ακόμα κι οι αθάνατοι θεοί πάνω στον Όλυμπο έκλαψαν γι' αυτόν. Δεκαεφτά ολόκληρες μέρες κράτησε ο θρήνος. Και τη δέκατη όγδοη μέρα, θάψανε τον Αχιλλέα στον ίδιο τάφο με τον αγαπημένο του Πάτροκλο...